Le Jardin Secret des Merveilles et Autres Histoires: Anglais-Français

Coledown English

Published by Coledown English, 2023.

LE JARDIN SECRET DES MERVEILLES ET AUTRES HISTOIRES: ANGLAIS-FRANÇAIS

First edition. December 1, 2023.

ISBN: 979-8223680840

Written by Coledown English.

Table of Contents

The Enchanted Library

Once upon a time, in the quiet town of Evervale, there stood a mysterious library at the edge of the enchanted forest. The townspeople spoke of magical books that could transport readers to faraway lands, and every child in Evervale dreamed of discovering the secrets hidden within the pages of the library.

In this town lived a curious and adventurous young girl named Lily. With her bright blue eyes and a heart full of courage, Lily couldn't resist the allure of the enchanted library. Every day after school, she would walk past the creaky gates and gaze longingly at the books through the large, dusty windows.

One cloudy afternoon, as Lily stood outside the library, she noticed a flickering light coming from one of the upper windows. Intrigued, she decided to investigate. As she opened the heavy wooden door, a gust of wind seemed to carry a whisper, "Welcome, dear reader."

The library was even more magical inside. Shelves stretched up to the ceiling, and each book seemed to have a story of its own. The air was filled with the scent of old parchment, and the soft glow of floating orbs illuminated the space.

Lily wandered through the aisles, her fingers grazing the spines of countless books. Suddenly, a book caught her eye. It was titled "The Starlight Adventure." The cover depicted a magical land with talking animals and glowing trees. Lily knew she had to read it.

As she opened the book, a swirl of sparkles surrounded her, and before she knew it, she was standing in the heart of the enchanted forest. The trees whispered secrets, and colorful butterflies danced in the air. Lily realized she had become a character in the very story she was reading.

Determined to explore this magical world, Lily set off on a journey. Along the way, she encountered a wise old owl named Oliver who offered to be her guide. Together, they traveled through meadows of rainbow flowers and crossed bubbling streams inhabited by friendly water sprites.

Their adventure led them to the Crystal Caves, where the walls sparkled with every color imaginable. Deep inside, they found a group of timid fairies who were in desperate need of help. The fairies explained that the magic crystals that powered their home were losing their glow.

Lily, with her kind heart, knew she had to assist. Using her wits and the lessons she had learned from her favorite books, she devised a plan to rejuvenate the magic crystals. The fairies cheered as the cave filled with a radiant light, brighter than ever before.

Word of Lily's bravery and kindness spread throughout the enchanted forest. Animals from all corners gathered to thank her, and the once-shy fairies threw a grand celebration in her honor. Lily felt a warmth in her heart, realizing that the magic of the enchanted forest was, in fact, the magic of friendship, courage, and love.

As the celebration came to an end, Lily found herself back in the library, holding the book "The Starlight Adventure" in her hands. She smiled, knowing that the magic she had experienced was real, and it had come from within the pages of a story.

From that day forward, Lily visited the enchanted library regularly. Each time she opened a book, she embarked on a new adventure, meeting fantastical creatures and discovering the wonders of imaginary worlds. And as the children of Evervale saw the sparkle in her eyes, they, too, couldn't resist the allure of the enchanted library, eager to create their own magical tales.

And so, in the heart of Evervale, the enchanted library stood, a beacon of imagination and dreams, inviting children to embark on adventures that would stay with them forever. The magic within its walls was a reminder that every story held the power to transport readers to places beyond their wildest dreams, and all they had to do was turn the page.

La Bibliothèque Enchantée

Il était une fois, dans la paisible ville d'Evervale, se dressait une mystérieuse bibliothèque au bord de la forêt enchantée. Les habitants parlaient de livres magiques capables de transporter les lecteurs vers des contrées lointaines, et chaque enfant d'Evervale rêvait de découvrir les secrets cachés entre les pages de la bibliothèque.

Dans cette ville vivait une jeune fille curieuse et aventureuse nommée Lily. Avec ses yeux bleu vif et un cœur rempli de courage, Lily ne pouvait résister à l'attrait de la bibliothèque enchantée. Chaque jour après l'école, elle passait devant les grilles grinçantes et contemplait avec envie les livres à travers les grandes fenêtres poussiéreuses.

Un après-midi nuageux, alors que Lily se tenait devant la bibliothèque, elle remarqua une lumière vacillante venant d'une des fenêtres du haut. Intriguée, elle décida d'enquêter. En ouvrant la lourde porte en bois, une bourrasque de vent semblait porter un chuchotement, "Bienvenue, chère lectrice."

La bibliothèque était encore plus magique à l'intérieur. Les étagères s'étendaient jusqu'au plafond, et chaque livre semblait avoir sa propre histoire. L'air était empli du parfum du vieux parchemin, et la lueur douce d'orbes flottants illuminait l'espace.

Lily déambula dans les allées, ses doigts effleurant les dos de nombreux livres. Soudain, un livre attira son attention. Il s'intitulait "L'Aventure au Clair de Lune." La couverture représentait une terre magique avec des animaux parlants et des arbres lumineux. Lily savait qu'elle devait le lire.

En ouvrant le livre, un tourbillon d'éclats l'entoura, et avant même de s'en rendre compte, elle se tenait au cœur de la forêt enchantée. Les arbres murmuraient des secrets, et des papillons colorés dansaient dans l'air. Lily réalisa qu'elle était devenue un personnage de l'histoire qu'elle lisait.

Déterminée à explorer ce monde magique, Lily se lança dans un voyage. En chemin, elle rencontra un vieux hibou sage nommé Oliver qui proposa de lui servir de guide. Ensemble, ils traversèrent des prés de fleurs arc-en-ciel et franchirent des ruisseaux bouillonnants habités par des esprits d'eau amicaux.

Leur aventure les conduisit aux Cavernes de Cristal, où les parois scintillaient de toutes les couleurs imaginables. Au plus profond, ils découvrirent un groupe de fées timides qui avaient désespérément besoin d'aide. Les fées expliquèrent que les cristaux magiques alimentant leur demeure perdaient leur éclat.

Lily, avec son cœur généreux, savait qu'elle devait aider. Utilisant son intelligence et les leçons apprises dans ses livres préférés, elle élabora un plan pour redonner de la vigueur aux cristaux magiques. Les fées acclamèrent lorsque la caverne fut inondée d'une lumière radieuse, plus éclatante que jamais.

Le récit de la bravoure et de la gentillesse de Lily se répandit dans toute la forêt enchantée. Les animaux de tous horizons se rassemblèrent pour la remercier, et les fées autrefois timides organisèrent une grande célébration en son honneur. Lily ressentit une chaleur dans son cœur, réalisant que la magie de la forêt enchantée était en réalité la magie de l'amitié, du courage et de l'amour.

À la fin de la célébration, Lily se retrouva de nouveau à la bibliothèque, tenant le livre "L'Aventure au Clair de Lune" entre ses mains. Elle sourit, sachant que la magie qu'elle avait vécue était réelle, et qu'elle provenait des pages d'une histoire.

Dès ce jour, Lily visita régulièrement la bibliothèque enchantée. Chaque fois qu'elle ouvrait un livre, elle se lançait dans une nouvelle aventure, rencontrant des créatures fantastiques et découvrant les merveilles de mondes imaginaires. Et tandis que les enfants d'Evervale voyaient l'éclat dans ses yeux, eux aussi ne purent résister à l'attrait de la bibliothèque enchantée, impatients de créer leurs propres contes magiques.

Ainsi, au cœur d'Evervale, la bibliothèque enchantée demeura, un phare d'imagination et de rêves, invitant les enfants à se lancer dans des aventures qui resteraient gravées en eux pour toujours. La magie en ses murs était un rappel que chaque histoire détenait le pouvoir de transporter les lecteurs vers des endroits au-delà de leurs rêves les plus fous, et tout ce qu'ils avaient à faire était de tourner la page.

The Clockwork Circus

In the bustling town of Whimsyville, where laughter filled the air and colorful umbrellas floated above cobblestone streets, there was a peculiar shop tucked away between the toy store and the bakery. It was a small, quaint place known as "Tick-Tock Treasures," and inside, the shelves were lined with enchanting trinkets and magical curiosities.

One rainy afternoon, a curious girl named Amelia skipped into Tick-Tock Treasures. Her eyes widened as she marveled at the shelves adorned with golden gears, whimsical contraptions, and tiny figurines that seemed to come alive with the turn of a key. At the center of the shop stood a magnificent grandfather clock, its pendulum swinging with a rhythmic tick-tock.

Behind the counter, an old man with a long white beard and twinkling blue eyes greeted her. "Welcome, young adventurer! I am Professor Puzzleton, the keeper of time and master of all things whimsical. What brings you to Tick-Tock Treasures?"

Amelia grinned, her eyes sparkling with curiosity. "I heard this is the most magical place in Whimsyville. Do you have anything extraordinary for a girl like me?"

The professor chuckled and pointed to a small, ornate box on the top shelf. "Ah, the Whimsy Wonderbox! It holds the key to the most marvelous adventure. But beware, for its magic is not for the faint of heart."

Amelia's heart raced with excitement. She eagerly reached for the Whimsy Wonderbox, and as she opened it, a burst of confetti filled the air. Before she knew it, the entire shop transformed into a lively circus, complete with acrobats swinging from the ceiling, dancing animals, and a charismatic ringmaster who announced, "Welcome to the Clockwork Circus!"

Amelia gasped in delight, realizing she had stepped into a world of enchantment. The ringmaster, a quirky robot with a top hat and a monocle, introduced himself as Clocksworth, the mechanical maestro of the Clockwork Circus. He explained that the circus existed in a parallel dimension, accessible only through the Whimsy Wonderbox.

Excitement bubbled within Amelia as she explored the Clockwork Circus. Each tent held a new spectacle — a carousel of clockwork horses that galloped without end, a trapeze act featuring nimble automatons, and a clown car that seemed to defy the laws of space.

As Amelia ventured deeper, she discovered the heart of the circus: the Grand Automaton Clock. Towering over the tents, it controlled the magical flow of time within the Clockwork Circus. Clocksworth revealed that the circus's magic was fueled by the joy and laughter of its visitors, and lately, the Grand Automaton Clock had been losing its power.

Determined to help, Amelia joined forces with Clocksworth and the circus performers. She organized a grand parade through the town, inviting everyone to experience the wonders of the Clockwork Circus. The streets of Whimsyville transformed into a vibrant spectacle as people of all ages marveled at the magical performances.

As laughter echoed through the air, the Grand Automaton Clock began to glow with renewed energy. The more joy the people of Whimsyville experienced, the brighter the clock shone. The town, once gray from the rainy weather, bloomed with color as the sun broke through the clouds.

With the success of the parade, Amelia's heart swelled with happiness. The Clockwork Circus had not only brought joy to Whimsyville but had also taught her the magic that exists within the hearts of people. As a token of gratitude, Clocksworth presented her with a special golden key.

"This key opens the door to Tick-Tock Treasures and the Clockwork Circus whenever you need a dash of magic in your life," Clocksworth declared.

Amelia, grateful for the adventure of a lifetime, bid farewell to her newfound friends in the Clockwork Circus. With the golden key in hand, she stepped back into Tick-Tock Treasures, which had returned to its cozy self.

As the doorbell chimed behind her, Professor Puzzleton winked and said, "Remember, young adventurer, the magic within the Whimsy Wonderbox is always there when you need it. And who knows, the next time you open it, a new enchanting tale might unfold."

With a twirl of her umbrella, Amelia skipped out into the sunlit streets of Whimsyville, her heart brimming with the magic of the

Clockwork Circus and the joy she had shared with her town. The laughter of the circus lingered in the air, a reminder that even in the most unexpected places, magic and whimsy were waiting to be discovered.

Le Cirque Mécanique

Dans la ville animée de Whimsyville, où les rires emplissaient l'air et des parapluies colorés flottaient au-dessus des rues pavées, il y avait une échoppe particulière nichée entre le magasin de jouets et la boulangerie. C'était un endroit petit et pittoresque connu sous le nom de "Trésors Tic-Tac," et à l'intérieur, les étagères étaient garnies de bibelots enchanteurs et de curiosités magiques.

Un après-midi pluvieux, une fillette curieuse nommée Amelia entra en sautillant dans Trésors Tic-Tac. Ses yeux s'élargirent tandis qu'elle contemplait les étagères ornées d'engrenages dorés, de gadgets fantaisistes et de petites figurines qui semblaient prendre vie à chaque tour de clé. Au centre du magasin se dressait une magnifique horloge à coucou, son pendule oscillant avec un tic-tac rythmique.

Derrière le comptoir, un vieil homme avec une longue barbe blanche et des yeux bleus pétillants l'accueillit. "Bienvenue, jeune aventurière ! Je suis le Professeur Puzzleton, gardien du temps et maître de toutes choses fantaisistes. Qu'est-ce qui t'amène à Trésors Tic-Tac ?"

Amelia sourit, les yeux pétillants de curiosité. "J'ai entendu dire que c'est l'endroit le plus magique de Whimsyville. Avez-vous quelque chose d'extraordinaire pour une fille comme moi ?"

Le professeur rit et pointa du doigt une petite boîte ornée sur l'étagère supérieure. "Ah, la Boîte aux Merveilles de Whimsy ! Elle renferme la clé de l'aventure la plus merveilleuse. Mais méfie-toi, car sa magie n'est pas pour les cœurs timides."

Le cœur d'Amelia battait la chamade d'excitation. Elle tendit la main vers la Boîte aux Merveilles de Whimsy, et en l'ouvrant, un nuage de confettis remplit l'air. Avant même qu'elle ne s'en rende compte, tout le magasin se transforma en un cirque animé, avec des acrobates se balançant du plafond, des animaux dansants et un maître de cérémonie charismatique qui annonçait : "Bienvenue au Cirque Mécanique !"

Amelia poussa un cri de ravissement, réalisant qu'elle avait pénétré dans un monde d'enchantement. Le maître de cérémonie, un robot excentrique coiffé d'un chapeau haut-de-forme et d'une monocle, se présenta sous le nom de Clocksworth, le maestro mécanique du Cirque Mécanique. Il expliqua que le cirque existait dans une dimension parallèle, accessible uniquement par le biais de la Boîte aux Merveilles de Whimsy.

L'excitation bouillonnait en Amelia alors qu'elle explorait le Cirque Mécanique. Chaque tente abritait un nouveau spectacle : un carrousel de chevaux mécaniques galopant sans fin, un numéro de trapèze mettant en scène des automates agiles, et une voiture de clown qui semblait défier les lois de l'espace.

À mesure qu'Amelia s'aventurait plus loin, elle découvrit le cœur du cirque : la Grande Horloge Automate. Dominant les tentes, elle contrôlait le flux magique du temps au sein du Cirque

Mécanique. Clocksworth révéla que la magie du cirque était alimentée par la joie et le rire de ses visiteurs, et dernièrement, la Grande Horloge Automate perdait de sa puissance.

Déterminée à aider, Amelia s'allia à Clocksworth et aux artistes du cirque. Elle organisa une grande parade à travers la ville, invitant chacun à découvrir les merveilles du Cirque Mécanique. Les rues de Whimsyville se transformèrent en un spectacle vibrant alors que les gens de tous âges s'émerveillaient des performances magiques.

Alors que le rire résonnait dans l'air, la Grande Horloge Automate commença à briller d'une énergie renouvelée. Plus la joie envahissait les habitants de Whimsyville, plus l'horloge brillait intensément. La ville, autrefois grise sous la pluie, s'épanouit de couleurs lorsque le soleil perça les nuages.

Avec le succès de la parade, le cœur d'Amelia débordait de bonheur. Le Cirque Mécanique avait apporté la joie à Whimsyville, mais lui avait également enseigné la magie qui réside dans les cœurs des gens. En signe de gratitude, Clocksworth lui remit une clé dorée spéciale.

"Cette clé ouvre la porte de Trésors Tic-Tac et du Cirque Mécanique chaque fois que tu as besoin d'une touche de magie dans ta vie", déclara Clocksworth.

Amelia, reconnaissante pour l'aventure de sa vie, dit au revoir à ses nouveaux amis du Cirque Mécanique. Avec la clé dorée en main, elle retourna dans Trésors Tic-Tac, qui avait retrouvé son atmosphère chaleureuse.

Alors que la sonnette de la porte tintait derrière elle, le Professeur Puzzleton lui fit un clin d'œil et dit : "N'oublie pas, jeune aventurière, la magie à l'intérieur de la Boîte aux Merveilles de Whimsy est toujours là quand tu en as besoin. Et qui sait, la prochaine fois que tu l'ouvriras, un nouveau conte enchanteur pourrait se dévoiler."

Avec un tourbillon de son parapluie, Amelia sautilla dans les rues ensoleillées de Whimsyville, son cœur débordant de la magie du Cirque Mécanique et de la joie qu'elle avait partagée avec sa ville. Le rire du cirque persistait dans l'air, un rappel que même dans les endroits les plus inattendus, la magie et la fantaisie attendaient d'être découvertes.

The Secret Garden of Wonders

In the heart of a quaint village named Merrymeadow, where flowers bloomed in every color imaginable and the air was perfumed with the sweet scent of nature, lived a young girl named Evie. With her wild, curly hair and a perpetual twinkle in her eye, Evie was known for her insatiable curiosity and boundless imagination.

Behind her family's cottage, there was a small, neglected garden that villagers whispered about but rarely ventured into. The entrance was concealed by vines and overgrown bushes, creating an air of mystery. Some said the garden was enchanted, while others believed it was cursed. Evie, however, saw it as an opportunity for adventure.

One sunny afternoon, with a small basket in hand, Evie decided to explore the mysterious garden. She carefully pushed aside the vines and stepped into a world of wonder. The moment her foot touched the soft grass, the garden came alive with vibrant colors and magical creatures.

The first to greet her was a mischievous fairy named Twinklewing, who fluttered around with a trail of sparkling stardust. "Welcome, Evie! You are the chosen one, the Guardian of the Secret Garden of Wonders," Twinklewing proclaimed, her voice tinkling like wind chimes.

Startled but intrigued, Evie followed Twinklewing through a path lined with luminescent flowers that glowed in various hues. Each step seemed to awaken the garden's magic, and as they reached the heart of the garden, Evie gasped in awe.

Before her stood a colossal tree, its branches adorned with gleaming lanterns that illuminated the space like a constellation in the night sky. The tree, known as the Wisdom Willow, possessed the knowledge of all the wonders in the world. Its leaves whispered stories of distant lands, mythical creatures, and the secrets of the universe.

Twinklewing explained that the garden was a place where imagination and reality intertwined. It responded to the heart's desires, bringing dreams to life. But recently, the magic had started to wane, and the once-vibrant garden was losing its enchantment. The Wisdom Willow's leaves were wilting, and the luminescent flowers were fading.

Determined to restore the garden's magic, Evie embarked on a quest to collect the Essence of Wonders, a rare substance that could rejuvenate the Wisdom Willow. Twinklewing guided her to three enchanted realms within the garden, each guarded by mythical creatures.

The first realm, the Crystal Cavern, was home to the Shimmering Serpent, a wise and gentle creature with scales that sparkled like precious gems. To prove her worth, Evie had to solve riddles and share stories that showcased her creativity and kindness. In return, the Shimmering Serpent gifted her a vial of Crystal Essence.

Next, they ventured into the Whispering Woods, where ancient trees spoke in hushed voices. Here, Evie encountered the Tranquil Treant, a guardian of nature who asked her to nurture a sapling until it blossomed into a majestic tree. In gratitude, the Treant bestowed upon her the Essence of Tranquility.

The final challenge awaited in the Starlight Glade, a clearing where celestial beings danced in the moonlight. There, Evie faced the Cosmic Sphinx, a mystical creature with eyes that held the secrets of the universe. To prove her courage, Evie answered the Sphinx's riddles and shared her dreams. In return, the Sphinx granted her the Essence of Stardust.

With the three essences in hand, Evie returned to the Wisdom Willow. The moment she sprinkled the essences onto the tree's roots, a burst of magical energy surged through the garden. The luminescent flowers regained their brilliance, and the leaves of the Wisdom Willow shimmered with newfound vitality.

The garden erupted into a symphony of joy as creatures of all shapes and sizes gathered to celebrate. The once-hidden haven now flourished with life, its wonders visible to all who entered. Villagers from Merrymeadow, drawn by the laughter and music, discovered the Secret Garden of Wonders.

Evie, now recognized as the Guardian of the Secret Garden, became a beloved figure in Merrymeadow. Children flocked to the garden to hear tales of her adventures, and parents marveled at the enchanting world she had brought to life.

As seasons changed and years passed, the Secret Garden of Wonders continued to flourish, its magic forever intertwined with the spirit of Merrymeadow. And in the heart of the garden stood Evie, still as curious and imaginative as ever, surrounded by the laughter of children and the wonders of a garden that held the magic of dreams come true.

Le Jardin Secret des Merveilles

Au cœur d'un village pittoresque nommé Merrymeadow, où les fleurs s'épanouissaient dans toutes les couleurs imaginables et l'air était parfumé du doux parfum de la nature, vivait une jeune fille nommée Evie. Avec ses cheveux bouclés et sa lueur perpétuelle dans les yeux, Evie était connue pour sa curiosité insatiable et son imagination débordante.

Derrière le cottage de sa famille, il y avait un petit jardin négligé dont les villageois chuchotaient mais osaient rarement s'aventurer. L'entrée était dissimulée par des vignes et des buissons envahissants, créant une atmosphère de mystère. Certains disaient que le jardin était enchanté, tandis que d'autres croyaient qu'il était maudit. Evie, cependant, le considérait comme une opportunité pour l'aventure.

Un après-midi ensoleillé, avec un petit panier à la main, Evie décida d'explorer le jardin mystérieux. Elle repoussa soigneusement les vignes et pénétra dans un monde merveilleux. Le moment où son pied toucha l'herbe douce, le jardin s'anima de couleurs vives et de créatures magiques.

La première à la saluer fut une fée espiègle nommée Twinklewing, qui voletait avec une traînée d'éclats d'étoiles scintillants. "Bienvenue, Evie ! Tu es l'élue, la Gardienne du Jardin Secret des Merveilles", proclama Twinklewing, sa voix tintant comme des carillons éoliens.

Surprise mais intriguée, Evie suivit Twinklewing à travers un chemin bordé de fleurs luminescentes qui brillaient de différentes teintes. Chaque pas semblait éveiller la magie du jardin, et en atteignant le cœur du jardin, Evie poussa un soupir d'émerveillement.

Devant elle se dressait un arbre colossal, ses branches ornées de lanternes étincelantes qui illuminaient l'espace comme une constellation dans le ciel nocturne. L'arbre, connu sous le nom de Saule de Sagesse, possédait la connaissance de toutes les merveilles du monde. Ses feuilles murmuraient des histoires de contrées lointaines, de créatures mythiques et des secrets de l'univers.

Twinklewing expliqua que le jardin était un lieu où l'imagination et la réalité s'entremêlaient. Il répondait aux désirs du cœur, donnant vie aux rêves. Mais récemment, la magie avait commencé à s'estomper, et le jardin autrefois vibrant perdait son enchantement. Les feuilles du Saule de Sagesse se flétrissaient, et les fleurs luminescentes pâlissaient.

Déterminée à restaurer la magie du jardin, Evie se lança dans une quête pour collecter l'Essence des Merveilles, une substance rare qui pouvait revitaliser le Saule de Sagesse. Twinklewing la guida vers trois royaumes enchantés à l'intérieur du jardin, chacun gardé par des créatures mythiques.

Le premier royaume, la Caverne de Cristal, abritait le Serpent Scintillant, une créature sage et douce aux écailles qui scintillaient comme des pierres précieuses. Pour prouver sa valeur, Evie devait résoudre des énigmes et partager des histoires mettant en valeur sa créativité et sa gentillesse. En retour, le Serpent Scintillant lui offrit un flacon d'Essence de Cristal.

Ensuite, ils se aventurèrent dans le Bois Murmureur, où d'anciens arbres parlaient à voix basse. Là, Evie rencontra le Treant Tranquille, gardien de la nature, qui lui demanda de prendre soin d'un jeune plant jusqu'à ce qu'il s'épanouisse en un arbre majestueux. En gratitude, le Treant lui accorda l'Essence de Tranquillité.

Le dernier défi l'attendait dans la Clairière Étoilée, un espace où des êtres célestes dansaient à la lumière de la lune. Là, Evie fit face au Sphinx Cosmique, une créature mystique aux yeux portant les secrets de l'univers. Pour prouver son courage, Evie répondit aux énigmes du Sphinx et partagea ses rêves. En retour, le Sphinx lui accorda l'Essence de Poussière d'Étoiles.

Avec les trois essences en main, Evie retourna auprès du Saule de Sagesse. Le moment où elle saupoudra les essences sur les racines de l'arbre, une déferlante d'énergie magique traversa le jardin. Les fleurs luminescentes retrouvèrent leur éclat, et les feuilles du Saule de Sagesse scintillèrent d'une vitalité retrouvée.

Le jardin éclata en une symphonie de joie alors que des créatures de toutes formes et tailles se rassemblaient pour célébrer. Le havre autrefois caché s'épanouissait désormais avec la vie, ses merveilles visibles pour tous ceux qui entraient. Les villageois de Merrymeadow, attirés par les rires et la musique, découvrirent le Jardin Secret des Merveilles.

Evie, désormais reconnue comme la Gardienne du Jardin Secret, devint une figure aimée à Merrymeadow. Les enfants affluaient dans le jardin pour entendre les récits de ses aventures, et les parents s'émerveillaient devant le monde enchanteur qu'elle avait donné vie.

Au fil des saisons et des années, le Jardin Secret des Merveilles continua de s'épanouir, sa magie étroitement liée à l'esprit de Merrymeadow. Et au cœur du jardin se tenait Evie, toujours aussi curieuse et imaginative, entourée des rires des enfants et des merveilles d'un jardin qui contenait la magie des rêves devenus réalité.

The Whimsical Adventures of Penelope Puddlewhistle

In the quaint village of Puddlebrook, where cobblestone streets meandered between charming cottages and willow trees swayed with a gentle breeze, lived a peculiar little girl named Penelope Puddlewhistle. With her mismatched socks, a hat adorned with feathers, and a perpetual twinkle in her sea-green eyes, Penelope was a curious soul, always ready for whimsical adventures.

One fine morning, Penelope woke to the sound of merry laughter echoing from the heart of Puddlebrook. Intrigued, she followed the enchanting melody until she arrived at the village square, where a bustling fair had magically appeared overnight. Colorful tents lined the square, each promising a unique experience.

At the center of the fair stood a peculiar stall with a sign that read, "Professor Quirkington's Wonders and Oddities." The professor himself, a bespectacled man with a bushy mustache and a top hat adorned with blinking lights, greeted Penelope with a flourish.

"Ah, Penelope Puddlewhistle! The very one I've been waiting for," exclaimed Professor Quirkington. "I sense a spirit of adventure within you, my dear. Would you like to explore the wonders of my Whimsical Cabinet of Curiosities?"

Unable to resist the allure of the unknown, Penelope eagerly agreed. With a grand sweep of his hand, Professor Quirkington unveiled a cabinet that seemed ordinary at first glance but pulsed with an otherworldly energy. As the professor turned the key, the cabinet creaked open, revealing a portal to a fantastical world beyond.

Without hesitation, Penelope stepped through the portal, finding herself in a meadow of candy-colored grass and talking animals. The sky above was a canvas of swirling pastels, and the air carried the scent of bubblegum blooms. She had entered the Land of Whimsy.

Her guide through this whimsical realm was a lively bunny named Bumblebop, whose ears bounced with every hop. Bumblebop led Penelope to the Jellybean Forest, where trees grew gummy bears and chocolate-covered pretzels. The duo swung on licorice vines and sailed down a river of sparkling soda pop.

Their adventure continued to the Giggle Grotto, a cave filled with laughter-inducing crystals that made everyone burst into giggles. Penelope, her laughter blending with the symphony of joy around her, felt a warmth in her heart that she had never experienced before.

In the heart of the Giggle Grotto, they encountered the Giggling Sphinx, a mystical creature with a mane made of cotton candy. To pass, Penelope had to share her most whimsical joke. With a mischievous twinkle in her eye, she whispered a joke about dancing cupcakes and flying teacups. The Sphinx roared with laughter, granting them passage.

As they journeyed through the Land of Whimsy, Penelope and Bumblebop encountered a carousel of flying fish, a mountain made of marshmallows, and a rainbow bridge that led to the Crystal Caverns. There, they met the Luminescent Lizard, a creature whose scales glowed in the dark. To prove her courage, Penelope danced with the luminescent fireflies, creating a mesmerizing display that lit up the cavern.

The Whimsical Cabinet of Curiosities, always close at hand, became a portal to new and magical realms. Penelope and Bumblebop soared through the skies on the back of a bubblegum dragon, explored a forest of upside-down trees, and even attended a tea party hosted by a group of talking teapots.

As the days passed, Penelope realized that the Land of Whimsy thrived on the joy and imagination she brought with her. The more she embraced the magic of the realm, the more vibrant and alive it became. And with each adventure, she collected whimsical trinkets that shimmered with the essence of her journey.

One day, as Penelope and Bumblebop danced in a field of sugar flowers, she felt a familiar tug in her heart. The professor's Whimsical Cabinet of Curiosities awaited her return. With a bittersweet farewell, Penelope bid adieu to her fantastical friends and stepped through the portal once more.

Back in Puddlebrook, the fair had vanished, and the village square returned to its usual tranquility. Professor Quirkington, still at his stall, greeted Penelope with a knowing smile. "Ah, my dear, you've brought back the magic of Whimsy with you. The wonders you've experienced will forever be a part of your heart."

With a grateful heart, Penelope hugged the professor and skipped home, her mismatched socks leaving a trail of joy behind her. The village of Puddlebrook, though unaware of the fantastical journey she had undertaken, felt the lingering magic in the air.

From that day forward, Penelope Puddlewhistle became the village's source of whimsy. Children gathered around her to hear tales of the Land of Whimsy, and adults couldn't help but smile in her presence. And though the Whimsical Cabinet of Curiosities remained closed, its magic whispered in the wind, promising new adventures for those with hearts open to the wonders of the unknown.

And so, in the village of Puddlebrook, where cobblestone streets meandered between charming cottages and willow trees swayed with a gentle breeze, the spirit of whimsy lived on through the joyous adventures of Penelope Puddlewhistle.

Les Aventures Fantaisistes de Penelope Puddlewhistle

Dans le village pittoresque de Puddlebrook, où les rues pavées serpentaient entre de charmantes cottages et les saules oscillaient avec une brise douce, vivait une petite fille singulière nommée Penelope Puddlewhistle. Avec ses chaussettes dépareillées, un chapeau orné de plumes, et une lueur perpétuelle dans ses yeux verts d'eau, Penelope était une âme curieuse, toujours prête pour des aventures fantaisistes.

Un beau matin, Penelope se réveilla au son de rires joyeux résonnant depuis le cœur de Puddlebrook. Intriguée, elle suivit la mélodie enchanteresse jusqu'à arriver à la place du village, où une foire animée avait magiquement surgi du jour au lendemain. Des tentes colorées bordaient la place, chacune promettant une expérience unique.

Au centre de la foire se tenait un étal singulier avec une pancarte indiquant : "Les Merveilles et Curiosités du Professeur Quirkington." Le professeur lui-même, un homme aux lunettes avec une moustache touffue et un haut-de-forme orné de lumières clignotantes, salua Penelope avec un geste flamboyant.

"Ah, Penelope Puddlewhistle ! Celle que j'attendais", s'exclama le Professeur Quirkington. "Je sens un esprit d'aventure en toi, ma chère. Aimerais-tu explorer les merveilles de mon Cabinet Fantaisiste de Curiosités ?"

Incapable de résister à l'attrait de l'inconnu, Penelope accepta avec empressement. D'un geste ample de la main, le Professeur Quirkington dévoila un cabinet qui semblait ordinaire à première vue, mais qui palpita d'une énergie surnaturelle. Alors que le professeur tourna la clé, le cabinet grinça en s'ouvrant, révélant un portail vers un monde fantastique.

Sans hésiter, Penelope traversa le portail, se retrouvant dans un pré d'herbe aux couleurs de bonbons et d'animaux qui parlaient. Le ciel au-dessus était une toile de pastels tourbillonnants, et l'air portait le parfum de bonbons à la gomme. Elle avait pénétré dans le Pays des Fantaisies.

Son guide à travers ce royaume fantaisiste était un lapin plein de vie nommé Bumblebop, dont les oreilles rebondissaient à chaque saut. Bumblebop conduisit Penelope jusqu'à la Forêt de Bonbons, où les arbres poussaient des oursons en gélatine et des bretzels enrobés de chocolat. Le duo se balança sur des lianes de réglisse et descendit une rivière de soda pétillant.

Leur aventure les conduisit ensuite à la Grotte des Rires, une caverne remplie de cristaux provoquant des éclats de rire qui faisaient éclater de rire tout le monde. Penelope, son rire se mêlant à la symphonie de joie autour d'elle, ressentit une chaleur dans son cœur qu'elle n'avait jamais éprouvée auparavant.

Au cœur de la Grotte des Rires, ils rencontrèrent le Sphinx Rigolard, une créature mystique avec une crinière faite de barbe à papa. Pour passer, Penelope devait partager sa blague la plus fantaisiste. Avec un éclat malicieux dans les yeux, elle chuchota une blague sur des cupcakes dansants et des tasses à thé volantes. Le Sphinx éclata de rire, leur accordant le passage.

Alors qu'ils voyageaient à travers le Pays des Fantaisies, Penelope et Bumblebop rencontrèrent un carrousel de poissons volants, une montagne faite de guimauves, et un pont arc-en-ciel menant aux Cavernes de Cristal. Là, ils rencontrèrent le Lézard Luminescent, une créature dont les écailles brillaient dans l'obscurité. Pour prouver son courage, Penelope dansa avec les lucioles luminescentes, créant un spectacle captivant qui illumina la caverne.

Le Cabinet Fantaisiste de Curiosités, toujours à portée de main, devint un portail vers de nouveaux et magiques royaumes. Penelope et Bumblebop planèrent à travers les cieux sur le dos d'un dragon en chewing-gum, explorèrent une forêt d'arbres renversés, et assistèrent même à un goûter organisé par un groupe de théières parlantes.

À mesure que les jours passaient, Penelope réalisa que le Pays des Fantaisies prospérait grâce à la joie et à l'imagination qu'elle y apportait. Plus elle embrassait la magie du royaume, plus il devenait vibrant et vivant. Et à chaque aventure, elle collectait des babioles fantaisistes qui scintillaient avec l'essence de son voyage.

Un jour, alors que Penelope et Bumblebop dansaient dans un champ de fleurs de sucre, elle ressentit une traction familière dans son cœur. Le Cabinet Fantaisiste de Curiosités du professeur l'attendait pour son retour. Avec un adieu aigre-doux,

Penelope dit au revoir à ses amis fantastiques et passa à travers le portail une fois de plus.

De retour à Puddlebrook, la foire avait disparu et la place du village était revenue à sa tranquillité habituelle. Le Professeur Quirkington, toujours à son étal, salua Penelope avec un sourire complice. "Ah, ma chère, tu as ramené la magie de la Fantaisie avec toi. Les merveilles que tu as vécues seront toujours une partie de ton cœur."

Avec un cœur reconnaissant, Penelope étreignit le professeur et sauta chez elle, ses chaussettes dépareillées laissant derrière elle une traînée de joie. Le village de Puddlebrook, bien qu'inconscient du voyage fantastique qu'elle avait entrepris, ressentait la magie persistante dans l'air.

Dès ce jour, Penelope Puddlewhistle devint la source de la fantaisie du village. Les enfants se rassemblaient autour d'elle pour entendre des contes du Pays des Fantaisies, et les adultes ne pouvaient s'empêcher de sourire en sa présence. Et bien que le Cabinet Fantaisiste de Curiosités soit resté fermé, sa magie murmurait dans le vent, promettant de nouvelles aventures pour ceux dont le cœur est ouvert aux merveilles de l'inconnu.

Et ainsi, dans le village de Puddlebrook, où les rues pavées serpentaient entre de charmantes cottages et les saules oscillaient avec une brise douce, l'esprit de la fantaisie perdura à travers les joyeuses aventures de Penelope Puddlewhistle.

The Spectacular Spindlewick Spectacle

In the small town of Meadowshire, nestled between rolling hills and babbling brooks, there lived an imaginative girl named Matilda Spindlewick. With her vibrant red hair and an ever-present twinkle in her eyes, Matilda was known for her insatiable curiosity and love for all things magical.

One peculiar day, as Matilda explored the hidden corners of her family's attic, she stumbled upon an old, dusty trunk tucked away in a forgotten corner. With a creak and a squeak, she opened it to reveal a collection of peculiar objects—an ancient-looking kaleidoscope, a silver key with a crescent moon handle, and a delicate glass sphere that seemed to capture the very essence of starlight.

In the midst of these curious items lay a beautifully crafted map, adorned with whimsical illustrations and intricate details. The map depicted a place known as the Spindlewick Spectacle, a mysterious carnival said to appear only once every few decades at the edge of the Enchanted Forest.

Eager for adventure, Matilda decided to unlock the secrets of the map and explore the Spindlewick Spectacle. With the silver key in hand and the kaleidoscope around her neck, she stepped into the enchanted forest as the sun dipped below the horizon.

As Matilda ventured deeper into the woods, the trees whispered tales of the Spectacle's wonders—a carousel of winged horses, a maze of mirrors that reflected dreams, and a tent where wishes came to life. The air hummed with anticipation, and the forest seemed to guide Matilda toward the heart of the enchantment.

Soon, she emerged into a clearing bathed in the soft glow of fireflies, and there, against the backdrop of the night sky, stood the Spindlewick Spectacle. The carnival was a dazzling array of colors and lights, with tents and stalls that seemed to defy the laws of physics. Above it all, a large banner declared, "Welcome to the Spectacular Spindlewick Spectacle!"

Matilda's eyes widened in awe as she explored the wonders of the carnival. In the Mirror Maze, she found herself surrounded by reflections of her dreams—visions of flying through the stars, dancing with friendly woodland creatures, and discovering hidden treasure chests filled with laughter. Each mirror held a fragment of her imagination brought to life.

Next, she ventured to the Carousel of Dreams, where winged horses with shimmering wings circled gracefully in the air. Matilda climbed aboard a horse named Stardust and soared through the night, her laughter echoing in the starlit sky. The carousel spun with the magic of childhood fantasies.

The highlight of the Spectacle was the Wishing Well Tent, a mysterious enclosure where wishes took on a tangible form. Matilda hesitated for a moment, holding the delicate glass sphere she found in the trunk. With a deep breath, she closed her eyes and whispered her dearest wish—to bring joy to her town, Meadowshire.

As she opened her eyes, the glass sphere began to glow with a warm light, and before her stood a tiny creature made of stardust and moonbeams—a Wishling. The Wishling chirped with delight, promising to help Matilda spread joy and wonder throughout Meadowshire.

Together, Matilda and the Wishling set off on a magical journey through the Spectacle, sharing the enchantment with other visitors. They danced with a juggling jackalope, told stories to a tent full of animated storybooks, and even took a ride on the Cosmic Ferris Wheel, where each carriage was a miniature planet with its own whimsical inhabitants.

As dawn approached, the Spindlewick Spectacle began to fade, its wonders returning to the magical realm from which they came. Matilda bid farewell to the carnival's mystical inhabitants, her heart filled with gratitude for the unforgettable night of enchantment.

Back in Meadowshire, Matilda found herself standing at the edge of the Enchanted Forest, the kaleidoscope still around her neck and the glass sphere cradled in her hands. The Wishling, now a radiant glow within the glass, whispered, "You are the Keeper of Wonders, Matilda Spindlewick. Carry the magic of the Spindlewick Spectacle within your heart, and Meadowshire will forever be a place of joy and enchantment."

From that day forward, Meadowshire transformed into a haven of imagination and wonder. Matilda shared the magic of the

Spindlewick Spectacle with her fellow townsfolk, organizing whimsical events and inspiring everyone to embrace the joy of possibility. The once-dull town bloomed with creativity, laughter, and a sense of community that radiated like a beacon.

And so, in the small town of Meadowshire, where rolling hills embraced babbling brooks and the Enchanted Forest whispered tales of magic, Matilda Spindlewick became a legend—a girl who brought the extraordinary into the ordinary, a keeper of wonders who proved that the most fantastical adventures could begin with a simple key and an open heart.

Le Spectacle Spectaculaire de Spindlewick

Dans la petite ville de Meadowshire, nichée entre des collines vallonnées et des ruisseaux babillants, vivait une fille imaginative nommée Matilda Spindlewick. Avec ses cheveux roux vifs et une lueur perpétuelle dans les yeux, Matilda était connue pour sa curiosité insatiable et son amour pour tout ce qui était magique.

Un jour particulier, alors que Matilda explorait les coins cachés du grenier de sa famille, elle tomba sur un vieux coffre poussiéreux caché dans un coin oublié. Avec un grincement et un couinement, elle l'ouvrit pour révéler une collection d'objets curieux : un kaléidoscope au look ancien, une clé en argent avec une poignée en croissant de lune, et une sphère de verre délicate qui semblait capturer l'essence même de la lumière des étoiles.

Au milieu de ces objets curieux reposait une carte magnifiquement conçue, ornée d'illustrations fantaisistes et de détails complexes. La carte représentait un endroit appelé le Spectacle de Spindlewick, une mystérieuse foire qui apparaissait seulement une fois tous les quelques décennies au bord de la Forêt Enchantée.

Avide d'aventure, Matilda décida de percer les secrets de la carte et d'explorer le Spectacle de Spindlewick. Avec la clé en argent en main et le kaléidoscope autour de son cou, elle s'enfonça dans la forêt enchantée alors que le soleil plongeait sous l'horizon.

Alors que Matilda s'aventurait plus profondément dans les bois, les arbres murmuraient des contes sur les merveilles du Spectacle - un carrousel de chevaux ailés, un labyrinthe de miroirs qui reflétaient les rêves, et une tente où les vœux prenaient vie. L'air bourdonnait d'anticipation, et la forêt semblait guider Matilda vers le cœur de l'enchantement.

Bientôt, elle émergea dans une clairière baignée par la lueur douce des lucioles, et là, contre le fond du ciel nocturne, se dressait le Spectacle de Spindlewick. La foire était un éblouissement de couleurs et de lumières, avec des tentes et des stands qui semblaient défier les lois de la physique. Au-dessus de tout, une grande bannière proclamait : "Bienvenue au Spectacle Spectaculaire de Spindlewick !"

Les yeux de Matilda s'élargirent d'émerveillement alors qu'elle explorait les merveilles de la foire. Dans le Labyrinthe des Miroirs, elle se retrouva entourée de reflets de ses rêves - des visions de voler à travers les étoiles, de danser avec des créatures amicales de la forêt, et de découvrir des coffres au trésor cachés remplis de rires. Chaque miroir tenait un fragment de son imagination devenu réalité.

Ensuite, elle se dirigea vers le Carrousel des Rêves, où des chevaux ailés aux ailes chatoyantes tournaient gracieusement dans l'air. Matilda monta à bord d'un cheval nommé Stardust et plana à travers la nuit, son rire résonnant dans le ciel étoilé. Le carrousel tournait avec la magie des fantasmes de l'enfance.

Le point culminant du Spectacle était la Tente du Puits aux Vœux, une enceinte mystérieuse où les vœux prenaient une forme tangible. Matilda hésita un moment, tenant la sphère de verre délicate qu'elle avait trouvée dans le coffre. Avec un souffle profond, elle ferma les yeux et chuchota son vœu le plus cher - apporter de la joie à sa ville, Meadowshire.

Lorsqu'elle ouvrit les yeux, la sphère de verre commença à luire d'une lumière chaude, et devant elle se dressait une petite créature faite de poussière d'étoiles et de rayons de lune - un Wishling. Le Wishling pépia de joie, promettant d'aider Matilda à répandre la joie et l'émerveillement à Meadowshire.

Ensemble, Matilda et le Wishling partirent pour un voyage magique à travers le Spectacle, partageant l'enchantement avec d'autres visiteurs. Ils dansèrent avec un jackalope jongleur, racontèrent des histoires à une tente pleine de livres animés, et prirent même un tour sur la Grande Roue Cosmique, où chaque wagon était une planète miniature avec ses propres habitants fantaisistes.

À mesure que l'aube approchait, le Spectacle de Spindlewick commença à s'effacer, ses merveilles retournant au royaume magique d'où elles venaient. Matilda dit au revoir aux habitants mystiques de la foire, son cœur rempli de gratitude pour la nuit inoubliable d'enchantement.

De retour à Meadowshire, Matilda se trouva debout au bord de la Forêt Enchantée, le kaléidoscope toujours autour de son cou et la sphère de verre berçant ses mains. Le Wishling, maintenant une lueur radieuse à l'intérieur du verre, chuchota : "Tu es la Gardienne des Merveilles, Matilda Spindlewick. Porte la magie du Spectacle de Spindlewick dans ton cœur, et Meadowshire sera toujours un lieu de joie et d'enchantement."

Dès ce jour, Meadowshire se transforma en un havre d'imagination et d'émerveillement. Matilda partagea la magie du Spectacle de Spindlewick avec ses concitoyens, organisant des événements fantaisistes et inspirant tout le monde à embrasser la joie de la possibilité. La ville autrefois terne fleurit avec la créativité, le rire, et un sentiment de communauté qui rayonnait comme un phare.

Et ainsi, dans la petite ville de Meadowshire, où des collines vallonnées étreignaient des ruisseaux babillants et la Forêt Enchantée murmurait des contes magiques, Matilda Spindlewick devint une légende - une fille qui apporta l'extraordinaire dans l'ordinaire, une gardienne des merveilles qui prouva que les aventures les plus fantastiques pouvaient commencer avec une simple clé et un cœur ouvert.

The Peculiar Pockets of Percy Pecan

In the bustling town of Whimsyville, where houses were painted in every color imaginable and fantastical creatures roamed freely, lived a peculiar boy named Percy Pecan. With his unruly mop of curly hair and a collection of mismatched socks, Percy was known for his curious nature and the mysterious pockets that adorned his tattered jacket.

Every child in Whimsyville had heard tales of Percy's magical pockets—pockets that could hold anything one could imagine, from rainbow-colored feathers to giggles captured in jars. His pockets were the talk of the town, and every morning, the children eagerly awaited Percy's arrival at the town square, wondering what peculiar treasures he might unveil.

One particularly sunny day, Percy strolled into the square with a twinkle in his eye and a mischievous grin. The children gathered around him, eyes wide with anticipation, as he reached into one of his pockets and pulled out a miniature carousel that spun with tiny creatures made of candy.

Gasps of amazement filled the air, and the children clamored to see more. Percy, with a flourish, reached into another pocket and retrieved a handful of glowing fireflies, releasing them into the sky. The town square transformed into a kaleidoscope of colors and twinkling lights.

News of Percy's enchanting pockets spread throughout Whimsyville, reaching the ears of the town's most beloved inventor, Professor Quibblequill. Intrigued by the tales, the professor sought out Percy to witness the wonders firsthand.

Percy welcomed Professor Quibblequill to his cozy cottage, where the walls were adorned with drawings of whimsical creatures and contraptions. The professor, a man with a monocle and a penchant for eccentric hats, marveled at Percy's jacket with its array of pockets.

"Percy Pecan, my dear boy, your pockets are a marvel! I've never seen anything like them. How do they work?" inquired Professor Quibblequill, his eyes widening with curiosity.

Percy chuckled, "Ah, Professor, the secret lies in the magic of imagination. Anything is possible if you believe it can fit in a pocket!" With that, Percy reached into one pocket and pulled out a miniature hot air balloon that floated gently around the room.

The professor, inspired by Percy's magical pockets, proposed a collaboration. Together, they would create an exhibition to showcase Percy's wonders and inspire the children of Whimsyville to embrace their own imagination. The grand event would be called "The Peculiar Pockets Extravaganza."

Excitement buzzed through Whimsyville as preparations for the extravaganza began. Percy and Professor Quibblequill worked tirelessly, crafting fantastical contraptions, whimsical creatures, and interactive exhibits that could fit into Percy's magical pockets.

The day of the extravaganza arrived, and the town square transformed into a wonderland of creativity. Colorful tents and booths adorned with whimsical illustrations and sparkling lights beckoned visitors to explore the magic within Percy's pockets. The air was filled with the scent of cotton candy and the laughter of children.

As the first visitors entered, Percy reached into his pockets and pulled out dancing marionettes, sparkling confetti, and even a tiny trampoline that bounced excitedly. The children giggled and clapped, their eyes wide with wonder.

One of the highlights was the Giggle Grove, where Percy's pockets produced jars of laughter that, when opened, released a symphony of joyous giggles. Another exhibit, the Dream Catcher Canopy, allowed children to share their dreams with Percy, who then turned them into whimsical drawings that magically floated into the canopy.

At the Enchanted Snack Stand, Percy's pockets provided endless treats—candy clouds, fizzy lemonade that changed flavors with each sip, and popcorn that popped into shapes of mythical creatures. The children indulged in the delectable delights, their faces adorned with delight.

In the center of the square stood the Crown Jewel of the Extravaganza—the Imagination Carousel. A pocket-sized carousel crafted by Percy and Professor Quibblequill, it whisked children away on magical rides through realms of their own creation. Each turn of the carousel brought forth new landscapes and adventures.

As the sun dipped below the horizon, the town square lit up with the soft glow of lanterns and fairy lights. Percy, surrounded by the laughter and joy of the children, felt a warmth in his heart. The magic of Whimsyville was not just in his pockets but in the shared imagination of the entire town.

The Peculiar Pockets Extravaganza became an annual event, growing larger and more enchanting with each passing year. Percy Pecan and Professor Quibblequill continued to inspire the children of Whimsyville to embrace their creativity and believe in the magic that could be found in the most unexpected places.

And so, in the bustling town of Whimsyville, where houses were painted in every color imaginable and fantastical creatures roamed freely, Percy Pecan's pockets became a symbol of endless possibilities. The town thrived on the spirit of imagination, and every child carried a pocketful of dreams, thanks to the whimsical wonders of Percy's peculiar pockets.

Les Poches Étranges de Percy Pécane

Dans la bourdonnante ville de Whimsyville, où les maisons étaient peintes de toutes les couleurs imaginables et où des créatures fantastiques se promenaient librement, vivait un garçon particulier nommé Percy Pécane. Avec sa tignasse indomptée de boucles et une collection de chaussettes dépareillées, Percy était connu pour sa nature curieuse et les poches mystérieuses qui ornaient sa veste déchirée.

Chaque enfant de Whimsyville avait entendu parler des poches magiques de Percy - des poches qui pouvaient contenir tout ce que l'on pouvait imaginer, des plumes aux couleurs de l'arc-en-ciel aux rires capturés dans des bocaux. Ses poches étaient le sujet de conversation de la ville, et chaque matin, les enfants attendaient avec impatience l'arrivée de Percy sur la place de la ville, se demandant quels trésors particuliers il pourrait dévoiler.

Un jour particulièrement ensoleillé, Percy se promena sur la place avec une lueur dans les yeux et un sourire espiègle. Les enfants se rassemblèrent autour de lui, les yeux grands ouverts d'anticipation, alors qu'il plongeait une main dans l'une de ses poches et en sortait un carrousel miniature qui tournait avec de petites créatures faites de bonbons.

Des exclamations d'émerveillement remplirent l'air, et les enfants s'amassèrent pour en voir plus. Percy, avec un geste théâtral, plongea une autre main dans une autre poche et en tira une poignée de lucioles lumineuses, les relâchant dans le ciel. La place de la ville se transforma en un kaléidoscope de couleurs et de lumières scintillantes.

La nouvelle des poches enchantées de Percy se répandit à travers Whimsyville, atteignant les oreilles de l'inventeur le plus aimé de la ville, le Professeur Quibblequill. Intrigué par les contes, le professeur chercha Percy pour voir les merveilles de ses propres yeux.

Percy accueillit le Professeur Quibblequill dans sa chaumière confortable, où les murs étaient ornés de dessins de créatures fantaisistes et de machines étranges. Le professeur, un homme avec une loupe et une penchant pour les chapeaux excentriques, s'émerveilla devant la veste de Percy avec son éventail de poches.

"Percy Pécane, mon cher garçon, tes poches sont une merveille ! Je n'ai jamais rien vu de tel. Comment fonctionnent-elles ?" demanda le Professeur Quibblequill, les yeux écarquillés de curiosité.

Percy rit, "Ah, Professeur, le secret réside dans la magie de l'imagination. Tout est possible si vous croyez que cela peut tenir dans une poche !" Avec cela, Percy plongea une main dans une poche et en sortit un ballon à air chaud miniature qui flotta doucement dans la pièce.

Inspiré par les poches magiques de Percy, le professeur proposa une collaboration. Ensemble, ils créeraient une exposition pour présenter les merveilles de Percy et inspirer les enfants de Whimsyville à embrasser leur propre imagination. Le grand événement serait appelé "L'Extravaganza des Poches Étranges".

L'excitation anima Whimsyville au fur et à mesure que les préparatifs pour l'extravaganza débutaient. Percy et le Professeur Quibblequill travaillèrent sans relâche, fabriquant des machines fantastiques, des créatures fantaisistes et des expositions interactives qui pouvaient tenir dans les poches magiques de Percy.

Le jour de l'extravaganza arriva, et la place de la ville se transforma en un pays des merveilles de créativité. Des tentes colorées et des stands ornés d'illustrations fantaisistes et de lumières scintillantes invitaient les visiteurs à explorer la magie dans les poches de Percy. L'air était empli de l'odeur de barbe à papa et du rire des enfants.

Alors que les premiers visiteurs entraient, Percy plongea ses mains dans ses poches et en sortit des marionnettes dansantes, des confettis scintillants, et même un petit trampoline qui rebondissait avec enthousiasme. Les enfants riaient et applaudissaient, les yeux écarquillés d'émerveillement.

L'un des moments forts était le Bosquet des Giggles, où les poches de Percy produisaient des bocaux de rires qui, une fois ouverts, libéraient une symphonie de rires joyeux. Une autre exposition, la Canopée des Attrape-Rêves, permettait aux enfants de partager leurs rêves avec Percy, qui les transformait ensuite en dessins fantaisistes flottant magiquement dans la canopée.

Au Stand Enchanté des Collations, les poches de Percy fournissaient des friandises sans fin - des nuages de bonbons, une limonade pétillante qui changeait de saveur à chaque gorgée, et du pop-corn qui éclatait en formes de créatures mythiques. Les enfants se délectaient des délices délectables, le visage rayonnant de plaisir.

Au centre de la place se dressait le Joyau de la Couronne de l'Extravaganza - le Carrousel de l'Imagination. Un carrousel de poche fabriqué par Percy et le Professeur Quibblequill, il emporta les enfants dans des manèges magiques à travers des royaumes de leur propre création. Chaque tour du carrousel apportait de nouveaux paysages et aventures.

Alors que le soleil descendait sous l'horizon, la place de la ville s'illumina avec la lueur douce de lanternes et de guirlandes lumineuses. Percy, entouré des rires et de la joie des enfants, ressentit une chaleur dans son cœur. La magie de Whimsyville n'était pas seulement dans ses poches mais dans l'imagination partagée de toute la ville.

L'Extravaganza des Poches Étranges devint un événement annuel, devenant de plus en plus grand et plus enchanteur avec chaque année qui passait. Percy Pécane et le Professeur Quibblequill continuèrent à inspirer les enfants de Whimsyville à embrasser leur créativité et à croire en la magie qui pouvait être trouvée dans les endroits les plus inattendus.

Et ainsi, dans la ville animée de Whimsyville, où les maisons étaient peintes de toutes les couleurs imaginables et où des créatures fantastiques se promenaient librement, les poches de Percy Pécane devinrent le symbole de possibilités infinies. La ville prospéra sur l'esprit de l'imagination, et chaque enfant portait une poche pleine de rêves, grâce aux merveilles fantaisistes des poches étranges de Percy.

49

The Marvelous Adventures of Mabel Moonbeam

In the picturesque village of Starhaven, where cottages nestled among glowing firefly bushes and the sky twinkled with a thousand wishes, lived a spirited young girl named Mabel Moonbeam. With her kaleidoscope of curly hair and an ever-present magnifying glass, Mabel had an insatiable curiosity that often led her into whimsical escapades.

One bright morning, as Mabel strolled through Starhaven Square with her loyal companion, a mischievous kitten named Sparklewhisk, she noticed a peculiar commotion near the village well. Villagers huddled around a shimmering portal that had mysteriously appeared, casting a soft, inviting glow.

Eager to investigate, Mabel approached the portal and peered through her magnifying glass. To her amazement, she saw a world beyond—a realm of floating islands, candy-colored clouds, and talking animals wearing hats adorned with stars.

The village elders, wise men with long beards and twinkling eyes, informed Mabel that the portal led to the Enchanted Isles, a magical land brimming with wonders waiting to be discovered. The portal, they explained, opened only once every century, inviting a chosen adventurer to embark on a quest that would unlock the magic hidden within Starhaven.

With a twinkle in her eye, Mabel accepted the challenge. The villagers cheered as she stepped through the portal, her magnifying glass and Sparklewhisk by her side. The moment she crossed the threshold, the world around her transformed into a kaleidoscope of colors, and a gentle breeze carried her to the first of the Enchanted Isles.

As Mabel set foot on the Isle of Whimsy, she discovered a meadow where flowers giggled when tickled and trees whispered tales of magical creatures. Her magnifying glass revealed tiny fairies flitting about, painting the petals of flowers with hues that shimmered in the sunlight.

In the center of the meadow stood the Luminescent Fountain, its water flowing with liquid stardust. Mabel, captivated by the beauty, dipped her magnifying glass into the fountain and watched as it transformed into a radiant Starlight Spyglass—an enchanted tool that revealed hidden wonders and secrets.

Armed with her newfound spyglass, Mabel journeyed to the Isle of Echoing Echoes, where laughter echoed through the air and echoes danced among the floating islands. A chorus of musical rocks played tunes that resonated with the rhythm of the wind. Mabel, curious as ever, used her spyglass to follow the melodies, discovering that each echo carried a unique story.

In the heart of the isle, Mabel encountered the Echoing Elders, ancient stones with tales etched into their surfaces. They revealed that the magic of Starhaven was linked to the emotions and dreams of its inhabitants. To unlock the full potential of the Enchanted Isles, Mabel needed to collect the Essence of Joy, Laughter, and Dreams from each island.

Determined to bring the magic back to Starhaven, Mabel set sail on the Isle of Floating Dreams, where clouds took the form of floating beds and playful dreamcatchers adorned the skies. Here, she met the Dreamweaver, a wise creature who crafted dreams into tangible objects.

With a twinkle in her eye, Mabel shared tales of the magical islands with the Dreamweaver, who in turn bestowed upon her a Dreamcatcher Amulet. This amulet allowed Mabel to capture dreams, turning them into ethereal orbs that pulsed with the power of imagination.

As Mabel continued her journey, Sparklewhisk darting playfully among the clouds, she ventured to the Isle of Enchanted Echoes. The isle was a kaleidoscope of reflections, where every creature had a mirrored companion. Mabel, guided by her spyglass, discovered the Echoing Pool—a shimmering mirror that revealed the true reflections of the heart.

Gazing into the pool, Mabel saw the joy, laughter, and dreams she had collected manifested as radiant orbs. The pool whispered that the magic of Starhaven was connected to the happiness and dreams of its people. The more joy Mabel brought back, the brighter the village would shine.

With newfound determination, Mabel returned to Starhaven through the enchanted portal. The villagers, eager to hear her tales, gathered in the square. Mabel, adorned with her Starlight Spyglass and Dreamcatcher Amulet, shared the wonders of the

Enchanted Isles and the importance of collecting the Essence of Joy, Laughter, and Dreams.

Inspired by Mabel's courage, the villagers joined her in a quest to spread joy and laughter throughout Starhaven. They organized whimsical events, painted the village with vibrant colors, and filled the air with music that echoed through the enchanted hills.

As the Essence of Joy, Laughter, and Dreams filled the village, Starhaven began to glow with an otherworldly radiance. The firefly bushes shimmered brighter, and the wishes in the sky sparkled with newfound magic.

With a sense of accomplishment, Mabel climbed to the highest hill, where the Luminescent Fountain mirrored the starry sky. Using her Starlight Spyglass and Dreamcatcher Amulet, she channeled the gathered magic into a constellation of glowing orbs that hung in the air like a celestial tapestry.

The village elders, their eyes twinkling with approval, approached Mabel. "You have unlocked the magic within Starhaven, young adventurer. The Enchanted Isles are forever connected to the hearts of its people," declared the eldest elder.

Mabel, her heart brimming with pride, realized that the true magic of Starhaven was not just in the Enchanted Isles but in the love, joy, and dreams shared by its inhabitants. As she stood on the hill, surrounded by the radiant glow of her village, Mabel Moonbeam knew that the whimsical adventures were not just found in distant lands but in the magic woven into the everyday tapestry of Starhaven. And so, with a twinkle in her eye, she embraced the enchantment of her home, ready for new adventures yet to unfold in the village of dreams and wishes, Starhaven.

55

Les Merveilleuses Aventures de Mabel Rayon de Lune

Dans le pittoresque village de Starhaven, où les cottages étaient nichés parmi des buissons de lucioles lumineuses et le ciel scintillait de mille vœux, vivait une jeune fille pleine d'énergie nommée Mabel Rayon de Lune. Avec sa chevelure bouclée comme un kaléidoscope et une loupe toujours présente, Mabel avait une curiosité insatiable qui la conduisait souvent à des escapades fantaisistes.

Un matin lumineux, alors que Mabel se promenait dans la Place de Starhaven avec son compagnon loyal, un chaton espiègle nommé Étincelles de Moustaches, elle remarqua une agitation particulière près du puits du village. Les villageois se pressaient autour d'un portail chatoyant qui avait mystérieusement fait son apparition, projetant une lueur douce et invitante.

Désireuse d'enquêter, Mabel s'approcha du portail et regarda à travers sa loupe. À sa grande stupéfaction, elle vit un monde au-delà - un royaume d'îles flottantes, de nuages aux couleurs de bonbons et d'animaux parlants portant des chapeaux ornés d'étoiles.

Les anciens du village, des hommes sages à la longue barbe et aux yeux scintillants, informèrent Mabel que le portail menait aux Îles Enchantées, une terre magique regorgeant de merveilles à découvrir. Le portail, expliquèrent-ils, s'ouvrait seulement une fois par siècle, invitant un aventurier choisi à entreprendre une quête qui déverrouillerait la magie cachée au sein de Starhaven.

Avec une lueur dans les yeux, Mabel accepta le défi. Les villageois acclamèrent son courage lorsqu'elle traversa le portail, sa loupe et Étincelles de Moustaches à ses côtés. Dès qu'elle franchit le seuil, le monde autour d'elle se transforma en un kaléidoscope de couleurs, et une brise légère la porta vers la première des Îles Enchantées.

Alors que Mabel posait le pied sur l'Île de la Fantaisie, elle découvrit une prairie où les fleurs gigotaient quand on les chatouillait et les arbres chuchotaient des contes de créatures magiques. Sa loupe révéla de petites fées qui voletaient, peignant les pétales des fleurs de teintes chatoyantes sous la lumière du soleil.

Au centre de la prairie se dressait la Fontaine Luminescente, son eau coulant de poussière d'étoiles liquide. Captivée par la beauté, Mabel plongea sa loupe dans la fontaine et observa comment elle se transforma en une Radiante Longue-Vue Stellaire - un outil enchanté révélant des merveilles et des secrets cachés.

Armée de sa nouvelle longue-vue, Mabel se rendit sur l'Île des Échos Résonnants, où le rire résonnait dans l'air et les échos dansaient parmi les îles flottantes. Un chœur de roches musicales jouait des mélodies qui résonnaient avec le rythme du vent. Mabel, toujours curieuse, utilisa sa longue-vue pour suivre les mélodies, découvrant que chaque écho portait une histoire unique.

Au cœur de l'île, Mabel rencontra les Anciens des Échos, des pierres anciennes avec des contes gravés sur leur surface. Ils révélèrent que la magie de Starhaven était liée aux émotions et aux rêves de ses habitants. Pour libérer tout le potentiel des Îles Enchantées, Mabel devait collecter l'Essence de la Joie, du Rire et des Rêves de chaque île.

Déterminée à ramener la magie à Starhaven, Mabel embarqua sur l'Île des Rêves Flottants, où les nuages prenaient la forme de lits flottants et des attrape-rêves ludiques ornaient le ciel. Ici, elle rencontra le Tisseur de Rêves, une créature sage qui transformait les rêves en objets tangibles.

Avec une lueur dans les yeux, Mabel partagea des contes des îles magiques avec le Tisseur de Rêves, qui à son tour lui conféra un Amulette Attrape-Rêves. Cet amulette permit à Mabel de capturer les rêves, les transformant en orbes éthérés pulsant avec le pouvoir de l'imagination.

Poursuivant son voyage, Étincelles de Moustaches jouant joyeusement parmi les nuages, elle se rendit sur l'Île des Échos Enchantés. L'île était un kaléidoscope de reflets, où chaque créature avait un compagnon miroir. Guidée par sa longue-vue, Mabel découvrit le Bassin des Échos - un miroir scintillant révélant les véritables reflets du cœur.

En regardant dans le bassin, Mabel vit la joie, le rire et les rêves qu'elle avait collectés se manifester en tant qu'orbes rayonnantes. Le bassin chuchota que la magie de Starhaven était liée au bonheur et aux rêves de ses habitants. Plus Mabel ramènerait de la joie, plus le village brillerait.

Avec une nouvelle détermination, Mabel retourna à Starhaven à travers le portail enchanté. Les villageois, impatients d'entendre ses récits, se rassemblèrent sur la place. Mabel, ornée de sa Longue-Vue Stellaire et de son Amulette Attrape-Rêves, partagea les merveilles des Îles Enchantées et l'importance de collecter l'Essence de la Joie, du Rire et des Rêves.

Inspirés par le courage de Mabel, les villageois se joignirent à elle dans une quête pour répandre la joie et le rire à travers Starhaven. Ils organisèrent des événements fantaisistes, peignirent le village de couleurs vibrantes et emplirent l'air de musique qui résonnait à travers les collines enchantées.

À mesure que l'Essence de la Joie, du Rire et des Rêves remplissait le village, Starhaven commença à rayonner d'une lueur surnaturelle. Les buissons de lucioles scintillèrent plus intensément, et les vœux dans le ciel pétillèrent d'une magie retrouvée.

Avec un sentiment d'accomplissement, Mabel grimpa sur la colline la plus haute, où la Fontaine Luminescente reflétait le ciel étoilé. Utilisant sa Longue-Vue Stellaire et son Amulette Attrape-Rêves, elle canalisa la magie recueillie en une constellation d'orbes lumineux suspendus dans l'air comme une tapisserie céleste.

Les anciens du village, les yeux scintillant d'approbation, s'approchèrent de Mabel. "Tu as déverrouillé la magie au sein de Starhaven, jeune aventurière. Les Îles Enchantées sont à jamais liées aux cœurs de ses habitants", déclara l'ancien le plus âgé.

Mabel, le cœur débordant de fierté, réalisa que la vraie magie de Starhaven n'était pas seulement dans les Îles Enchantées mais dans l'amour, la joie et les rêves partagés par ses habitants. Alors qu'elle se tenait sur la colline, entourée de la lueur rayonnante de son village, Mabel Rayon de Lune savait que les aventures fantaisistes ne se trouvaient pas seulement dans des contrées lointaines mais dans la magie tissée dans la tapisserie quotidienne de Starhaven. Et ainsi, avec une lueur dans les yeux, elle embrassa l'enchantement de chez elle, prête pour de nouvelles aventures encore à venir dans le village de rêves et de vœux, Starhaven.

The Remarkable Journey of Oliver Octagon

In the charming seaside town of Aquafalls, where waves whispered tales of adventure and seagulls sang the songs of the sea, lived a peculiar boy named Oliver Octagon. With a mop of unruly hair and a pair of oversized glasses that framed his curious blue eyes, Oliver had a unique talent—he could speak to marine creatures.

One breezy morning, as Oliver strolled along the shoreline, his attention was captivated by a peculiar message carried by the waves. The sea seemed to call out to him, urging him to embark on a journey to the mythical Coral Kingdom—an underwater realm hidden beneath the turquoise waves, where creatures of wonder dwelled.

Eager to explore the unknown, Oliver fashioned a makeshift diving helmet out of a fishbowl and a repurposed bicycle pump. With his trusty invention and a backpack filled with fish-shaped sandwiches, he waded into the sea, determined to uncover the secrets of the Coral Kingdom.

As he descended into the ocean depths, a magical transformation occurred. The sea accepted Oliver as its friend, and a shimmering bubble enveloped him, allowing him to breathe and move freely underwater. With each stroke of his flippers, he marveled at the vibrant coral gardens and schools of fish that danced in unison.

Guided by the gentle whispers of the waves, Oliver soon encountered a wise old sea turtle named Tidalwisdom. The ancient creature, with a shell adorned in intricate patterns, greeted him with a nod of approval. "Oliver Octagon, the sea has chosen you for a special mission. The Coral Kingdom is in need of your unique talents," Tidalwisdom declared.

In the heart of the Coral Kingdom, Oliver discovered a grand coral palace with towers that reached toward the ocean surface. The palace was home to King Tritonfin, a majestic merman with a flowing silver beard and a crown made of iridescent seashells. Beside him stood Princess Mariluna, whose tail sparkled with the colors of the moonlit sea.

The royal family welcomed Oliver, explaining that the harmony of the Coral Kingdom was threatened by the disappearance of the Luminous Pearls—a set of magical pearls that illuminated the darkest corners of the ocean and maintained balance within the kingdom.

The sea creatures, once lively and full of joy, now swam with a somber demeanor, and the coral gardens lost their vibrant colors. King Tritonfin, gazing at Oliver with hope in his eyes, asked for his assistance in retrieving the Luminous Pearls from the mysterious Cavern of Whispers.

Eager to help, Oliver set off on a remarkable journey through the Coral Kingdom. Guided by a trio of playful dolphins named Splash, Dash, and Tumble, he navigated through hidden passages, swam alongside graceful seahorses, and even exchanged jokes with chatty clownfish.

The journey led Oliver to the Cavern of Whispers, a mystical cave shrouded in bioluminescent glow. As he entered, the whispers of the sea grew louder, revealing the ancient magic that permeated the cavern's walls. The Luminous Pearls, suspended in the heart of the cavern, emitted a soft, captivating glow.

However, a mischievous sea serpent named Murkshade guarded the pearls. Murkshade, with scales as dark as midnight and eyes that glowed with an unsettling light, coiled around the pearls protectively. The sea creatures had spoken of Murkshade's change in behavior, suggesting that an unspoken sorrow weighed heavy on the serpent's heart.

Oliver, determined to bring back the pearls and restore harmony to the Coral Kingdom, approached Murkshade with a genuine smile. To his surprise, the sea serpent responded with a sorrowful tale. Long ago, the sea had taken Murkshade's family away, leaving the serpent alone in the depths.

Touched by Murkshade's loneliness, Oliver shared his own story of feeling like an outsider in the world above. He spoke of his fascination with marine life and his ability to communicate with the sea creatures, a talent that often made him feel different from his peers. Murkshade, in turn, expressed the pain of losing family and the isolation that had driven the serpent to guard the Luminous Pearls.

Realizing that they shared a deep connection, Oliver offered Murkshade friendship and companionship. The sea serpent, moved by Oliver's kindness, uncoiled from the pearls and allowed him to collect the Luminous Pearls in his backpack.

As Oliver emerged from the Cavern of Whispers, the Coral Kingdom rejoiced. The sea creatures danced in jubilation, and the once-muted colors of the coral gardens returned with a brilliance that rivalled the rainbow. King Tritonfin and Princess Mariluna, their eyes gleaming with gratitude, bestowed upon Oliver a crown woven from strands of seaweed and adorned with the Luminous Pearls.

In celebration of Oliver's triumph, the Coral Kingdom hosted a grand underwater festival. Schools of fish swirled in intricate patterns, and luminescent jellyfish created a spectacular light show. The dolphins, Splash, Dash, and Tumble, performed daring acrobatics to the delight of the sea creatures.

As the festival reached its peak, Murkshade, now a friend to Oliver, joined the festivities. The sea serpent's scales sparkled with newfound joy, and Oliver felt a sense of fulfillment knowing that, through friendship and understanding, he had not only rescued the Coral Kingdom but also healed the heart of Murkshade.

The festival concluded with a grand feast where fish-shaped sandwiches, a favorite of Oliver, were served alongside seaweed wraps and sparkling nectar. The sea creatures gathered around Oliver, their gratitude evident in their shimmering eyes.

As the moon cast its silvery glow on the Coral Kingdom, Oliver bid farewell to his newfound friends. With the Luminous Pearls adorning his crown, he ascended through the ocean depths, guided by the magical bubble that allowed him to breathe underwater.

Back in Aquafalls, Oliver emerged from the sea, his fishbowl helmet glinting in the sunlight. The waves whispered their thanks, and the seagulls sang a melody of triumph. Oliver, with a heart full of memories and a crown adorned with Luminous Pearls, returned to his seaside home, forever cherishing the remarkable journey that had woven his destiny with the enchanting depths of the sea.

And so, in the charming seaside town of Aquafalls, where waves whispered tales of adventure and seagulls sang the songs of the sea, Oliver Octagon became a legend—a boy who bridged two worlds and, through the power of friendship, restored the magic of the Coral Kingdom. The seaside town, forever grateful for the sea's connection with their peculiar friend, continued to thrive with the echoes of Oliver's remarkable journey, a tale that inspired generations to come.

Le Voyage Remarquable d'Oliver Octogone

Dans la charmante ville balnéaire d'Aquafalls, où les vagues murmuraient des contes d'aventures et les mouettes chantaient les chansons de la mer, vivait un garçon particulier nommé Oliver Octogone. Avec une touffe de cheveux indomptés et une paire de lunettes surdimensionnées encadrant ses yeux curieux d'un bleu unique, Oliver avait un talent unique : il pouvait parler aux créatures marines.

Un matin venteux, alors qu'Oliver se promenait le long du rivage, son attention fut captivée par un message particulier porté par les vagues. La mer semblait l'appeler, l'incitant à entreprendre un voyage vers le mythique Royaume du Corail, un royaume sous-marin caché sous les vagues turquoise, où des créatures merveilleuses résidaient.

Pressé d'explorer l'inconnu, Oliver fabriqua un casque de plongée de fortune à partir d'un bocal à poisson et d'une pompe à vélo détournée. Avec son invention fiable et un sac à dos rempli de sandwichs en forme de poisson, il s'avança dans la mer, déterminé à découvrir les secrets du Royaume du Corail.

Alors qu'il descendait dans les profondeurs de l'océan, une transformation magique s'opéra. La mer accepta Oliver comme son ami, et une bulle scintillante l'enveloppa, lui permettant de respirer et de se déplacer librement sous l'eau. À chaque coup de palme, il s'émerveillait devant les jardins de coraux vibrants et les bancs de poissons qui dansaient en harmonie.

Guidé par les doux murmures des vagues, Oliver rencontra bientôt une sage vieille tortue de mer nommée Sagesse des Marées. La créature ancienne, avec une coquille ornée de motifs complexes, le salua d'un signe d'approbation. "Oliver Octogone, la mer t'a choisi pour une mission spéciale. Le Royaume du Corail a besoin de tes talents uniques", déclara Sagesse des Marées.

Au cœur du Royaume du Corail, Oliver découvrit un grand palais de coraux avec des tours qui s'élevaient vers la surface de l'océan. Le palais abritait le Roi Tritonfin, un majestueux triton avec une barbe argentée fluide et une couronne faite de coquillages irisés. À ses côtés se tenait la Princesse Mariluna, dont la queue scintillait avec les couleurs de la mer éclairée par la lune.

La famille royale accueillit Oliver, expliquant que l'harmonie du Royaume du Corail était menacée par la disparition des Perles Lumineuses - un ensemble de perles magiques qui illuminaient les coins les plus sombres de l'océan et maintenaient l'équilibre au sein du royaume.

Les créatures marines, autrefois vives et pleines de joie, nageaient maintenant avec une allure sombre, et les jardins de coraux avaient perdu leurs couleurs éclatantes. Le Roi Tritonfin, regardant Oliver avec espoir dans les yeux, lui demanda son aide pour récupérer les Perles Lumineuses dans la mystérieuse Caverne des Murmures.

Désireux d'aider, Oliver se lança dans un voyage remarquable à travers le Royaume du Corail. Guidé par un trio de dauphins espiègles nommés Splash, Dash et Tumble, il naviga à travers des passages cachés, nagea aux côtés de hippocampes gracieux et échangea même des blagues avec des poissons-clowns bavards.

Le voyage mena Oliver à la Caverne des Murmures, une grotte mystique enveloppée d'une lueur bioluminescente. En y entrant, les murmures de la mer devinrent plus forts, révélant la magie ancienne qui imprégnait les parois de la caverne. Les Perles Lumineuses, suspendues au cœur de la caverne, émettaient une lueur douce et captivante.

Cependant, un serpent de mer espiègle nommé Ombre Sombre gardait les perles. Ombre Sombre, avec des écailles aussi sombres que minuit et des yeux qui luisaient d'une lumière inquiétante, s'enroulait protecteur autour des perles. Les créatures marines avaient parlé d'un changement de comportement chez Ombre Sombre, suggérant qu'une tristesse indicible pesait lourdement sur le cœur du serpent.

Oliver, déterminé à ramener les perles et à restaurer l'harmonie dans le Royaume du Corail, s'approcha d'Ombre Sombre avec un sourire sincère. À sa grande surprise, le serpent de mer répondit par un récit douloureux. Il y a longtemps, la mer avait emporté la famille d'Ombre Sombre, laissant le serpent seul dans les profondeurs.

Touché par la solitude d'Ombre Sombre, Oliver partagea sa propre histoire de se sentir comme un étranger dans le monde au-dessus. Il parla de sa fascination pour la vie marine et de sa capacité à communiquer avec les créatures marines, un talent qui le faisait souvent se sentir différent de ses pairs. Ombre Sombre, à son tour, exprima la douleur de perdre sa famille et l'isolement qui avait conduit le serpent à garder les Perles Lumineuses.

Se rendant compte qu'ils partageaient une connexion profonde, Oliver offrit à Ombre Sombre l'amitié et la compagnie. Le serpent de mer, ému par la gentillesse d'Oliver, se déroula des perles et lui permit de les recueillir dans son sac à dos.

Alors qu'Oliver sortait de la Caverne des Murmures, le Royaume du Corail se réjouit. Les créatures marines dansèrent en jubilation, et les couleurs autrefois muettes des jardins de coraux revinrent avec une brillance rivalisant avec l'arc-en-ciel. Le Roi Tritonfin et la Princesse Mariluna, les yeux brillants de gratitude, offrirent à Oliver une couronne tissée de brins d'algues et ornée des Perles Lumineuses.

Pour célébrer le triomphe d'Oliver, le Royaume du Corail organisa un grand festival sous-marin. Des bancs de poissons tournoyèrent en motifs complexes, et des méduses luminescentes créèrent un spectacle de lumière spectaculaire. Les dauphins, Splash, Dash et Tumble, exécutèrent des acrobaties audacieuses pour le plus grand plaisir des créatures marines.

À mesure que le festival atteignait son apogée, Ombre Sombre, désormais amie d'Oliver, se joignit aux festivités. Les écailles du serpent de mer scintillaient d'une joie retrouvée, et Oliver ressentit un sentiment d'accomplissement en sachant que, grâce à l'amitié et à la compréhension, il avait non seulement sauvé le Royaume du Corail, mais avait aussi guéri le cœur d'Ombre Sombre.

Le festival se conclut par un grand festin où des sandwichs en forme de poisson, le plat préféré d'Oliver, furent servis aux côtés d'enveloppements d'algues et de nectar pétillant. Les créatures marines se rassemblèrent autour d'Oliver, leur gratitude évidente dans leurs yeux scintillants.

Alors que la lune jetait sa lueur argentée sur le Royaume du Corail, Oliver fit ses adieux à ses nouveaux amis. Avec les Perles Lumineuses ornant sa couronne, il remonta à travers les profondeurs de l'océan, guidé par la bulle magique qui lui permettait de respirer sous l'eau.

De retour à Aquafalls, Oliver émergea de la mer, son casque en forme de bocal brillant au soleil. Les vagues murmuraient leurs remerciements, et les mouettes chantaient une mélodie de triomphe. Oliver, le cœur rempli de souvenirs et une couronne ornée de Perles Lumineuses, retourna dans sa maison en bord de mer, chérissant à jamais le voyage remarquable qui avait tissé son destin avec les profondeurs enchanteresses de la mer.

Et ainsi, dans la charmante ville balnéaire d'Aquafalls, où les vagues murmuraient des contes d'aventures et les mouettes chantaient les chansons de la mer, Oliver Octogone devint une légende – un garçon qui liait deux mondes et, grâce au pouvoir de l'amitié, restaura la magie du Royaume du Corail. La ville balnéaire, éternellement reconnaissante pour la connexion de la mer avec leur ami particulier, continua de prospérer avec les échos du voyage remarquable d'Oliver, un conte qui inspira les générations à venir.

74

www.ingramcontent.com/pod-product-compliance
Lightning Source LLC
Chambersburg PA
CBHW061334120726
48001CB00002B/850